ÉTUDES ET DOCUMENTS SUR LA GUERRE

Les crimes allemands

d'après des témoignages allemands

par

JOSEPH BÉDIER
Professeur au Collège de France

Cette brochure est en vente à la

LIBRAIRIE ARMAND COLIN

103, Boulevard Saint-Michel, PARIS, 5e

au prix de 0 fr. 50

ÉTUDES ET DOCUMENTS SUR LA GUERRE

COMITÉ DE PUBLICATION

Adresser les communications au secrétaire du Comité :

M. Émile DURKHEIM, 4, Avenue d'Orléans, Paris, 14e.

Les Crimes allemands

d'après des témoignages allemands

ÉTUDES ET DOCUMENTS SUR LA GUERRE

Les crimes allemands

d'après des témoignages allemands

par

JOSEPH BÉDIER

Professeur au Collège de France

LIBRAIRIE ARMAND COLIN

103, Boulevard Saint-Michel, PARIS, 5e.

—

1915

Les Crimes allemands

d'après des témoignages allemands

Pudor inde et miseratio.
TACITE.

Que les armées allemandes ne sauraient échapper tout à fait au reproche de violer parfois le droit des gens, je le prouverai. Je le prouverai, à la manière française, par quelques documents de bon aloi.

Ce seront des textes sûrs, bien contrôlés, et j'ai pris le soin d'en faire la critique avec autant de minutie et de scrupule que naguère, lorsque, dans les travaux de la paix, je discutais l'autorité d'une vieille chronique ou l'authenticité d'une charte. Cela, par habitude professionnelle peut-être, et, peut-être, par besoin intime de véracité; en tout cas, pour le bien de ma thèse : car c'est à tout venant que j'adresse ces pages, au simple passant, à l'indifférent, voire à l'ennemi de ma patrie, et j'ai voulu que le premier venu, ouvrant cette brochure par hasard en son désœuvrement, n'y trouve que des documents dont l'authenticité frappe aussitôt ses yeux, pourvu qu'il ait des yeux, comme leur ignominie touchera aussitôt son cœur, pourvu qu'il ait un cœur.

Et j'ai voulu, d'autre part, que ces documents, d'une authenticité évidente, fussent aussi d'une évidente autorité. Il est facile d'accuser, difficile de prouver. Jamais belligerant ne fut en peine d'alléguer contre l'ennemi des monceaux de témoignages, vrais ou mensongers ; mais eussent-ils été recueillis selon les formes les plus solennelles de justice par les plus hauts magistrats, le malheur veut qu'ils restent longtemps inefficaces : aussi longtemps que la partie adverse n'a pu les discuter contradictoirement, chacun ne conserve-t-il pas après tout le droit de les tenir pour mensongers, tout au moins pour contestables? C'est pourquoi je me garderai bien de produire ici, encore que je les sache véridiques, des témoignages belges ou français. Ceux que j'invoquerai, je les ai voulus tels que pas un homme vivant en ce monde, même en Allemagne, ne puisse essayer seulement de les récuser : les crimes allemands, je les établirai par des documents allemands.

Je les emprunterai principalement à ces « journaux de guerre » que l'article 75 du *Règlement de service en campagne de l'armée allemande* recommande aux soldats de rédiger en cours de route, et qui ont été saisis par nous, à titre de papiers militaires, sur des prisonniers [1]. Le nombre, il va sans dire, s'en accroît sans cesse. Je souhaite qu'un jour, pour l'édification de chacun, la collection complète en soit déposée au fonds germanique des manuscrits de la Bibliothèque nationale. En attendant, M. le marquis de Dampierre, ancien élève de l'Ecole des chartes, archiviste-paléographe, prépare et publiera bientôt un livre où la plupart de ces carnets de route seront minutieusement décrits, transcrits, mis en belle lumière. Pour ma part, je n'en ai parcouru qu'une quarantaine. Ils suffiront à ma tâche. J'en ferai quelques extraits, en veillant à ce que chaque citation porte avec elle des indices suffisants de son authenticité.

En quel ordre les ranger? Pour plusieurs raisons, mais principalement parce que le même texte de dix lignes témoigne à la fois des crimes les plus divers, je renonce à trouver un principe ferme de classement. Je puiserai pres-

1. Saisies prévues et autorisées par l'article 4 de la Convention de La Haye de 1907.

que au hasard dans le tas : certaines associations d'idées ou d'images, certaines analogies entre les textes me fourniront seules quelque moyen de les grouper.

I

Le hasard donc amène d'abord sous ma main le carnet d'un soldat de la Garde prussienne, le Gefreite Paul Spielmann (1. Kompagnie, Ersatz - Bataillon, 1. Garde-Infanterie - Brigade). Il raconte une alerte de nuit survenue à l'improviste, le 1er septembre, dans un village près de Blamont. A l'appel des clairons, la Garde se réveille, massacre (*Fig. 1 et 2*) :

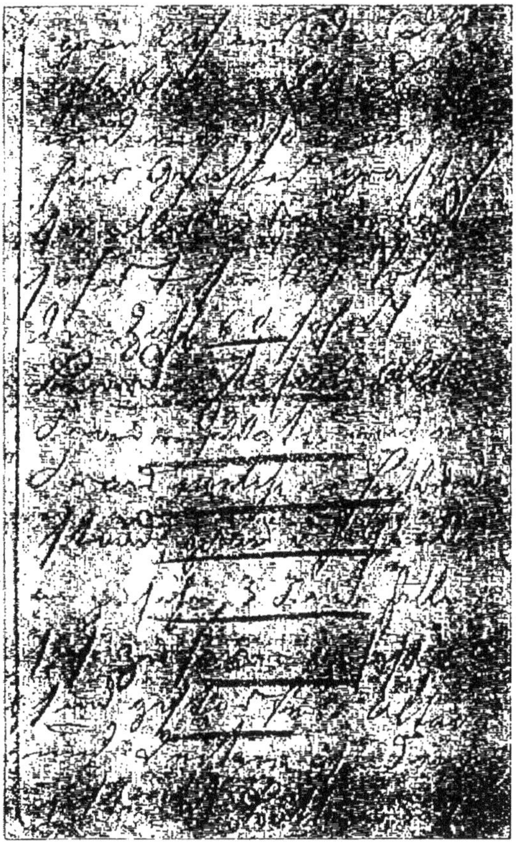

Fig. 1.

« Les habitants ont fui par le village. Ce fut horrible. Du sang est collé contre toutes les maisons; et, quant aux visages des morts, ils étaient hideux. On les a enterrés tous aussitôt, au nombre de soixante. Parmi eux, beaucoup de vieilles femmes, des vieux et une femme enceinte, le tout affreux à voir, et trois enfants qui s'étaient serrés les uns contre les autres et sont morts ainsi. L'autel et les voûtes de l'église sont effondrés. C'est qu'on avait le téléphone avec l'ennemi. Et, ce matin,

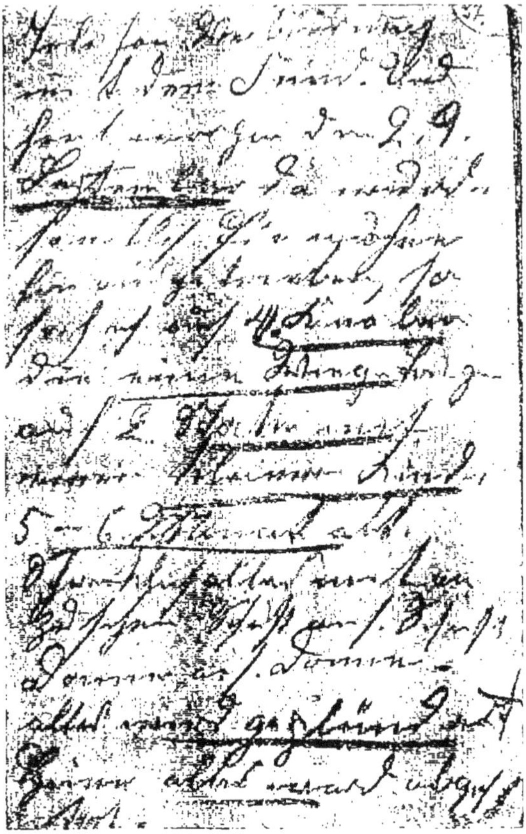

Fig. 2.

2 septembre, tous les survivants ont été expulsés, et j'ai vu quatre petits garçons emporter sur deux bâtons un berceau où était un enfant de cinq à six mois. Tout cela est affreux à regarder. Coup pour coup! Tonnerre contre tonnerre! Tout est livré au pillage... Et j'ai vu aussi une maman avec ses deux petits: et l'un avait une grande blessure à la tête et un œil crevé. »[1]

Juste répression, dit ce soldat: « on avait le téléphone avec l'ennemi ». Rappelons qu'aux termes de l'article 50 de la Convention de La Haye de 1907, signée, au

1. « [Die Einwohner sind geflüchtet im Dorf. Da sa es] gräulich aus. Das Blut glebt an alle Baute, und was sa man für Gesichter, grässlich sa alles aus. Es wurde sofort sämtliche Tote, die Zahl 60, sofort beerdigt. Fiele alte Frauen, Väter, und eine Frau, welche in Entbindung stand, grauenhaft alles anzusehen. 3 Kinder hatten sich zusammengefast und sind gestorbe. Altar und Decken sind eingestürtzt. Hatte auch Telefon-Verbindung mit dem Feind. Und heut morgen, den 2. 9., da wurden sämtliche Einwohner hinausgetrieben, so sah ich auch 4 Knaben, die eine Wiege trugen auf 2 Stabe mit einem kleinen Kinde 5-6 Monat alt. Schrecklich alles mitanzusehen. Schuss auf Schuss! Donner auf Donner! Alles wird geplündert... (*Au verso :*) Mutter mit ihren beiden Kinder, der eine hatte eine grosse Wunde am Kopf und ein Auge verloren. »

nom de S. M. l'Empereur d'Allemagne, par un gentilhomme, le baron Marschall von Bieberstein, « aucune peine collective, pécuniaire ou autre, ne pourra être édictée contre les populations à raison de faits individuels dont elles ne pourraient être considérées comme solidairement responsables. » Quel tribunal, en cette nuit atroce, a pris la peine d'établir une telle solidarité?

II

On lit dans le carnet, non signé, d'un soldat du 32e d'infanterie de réserve (IVe Corps de réserve):

« 3 septembre. *Creil.* — On a fait sauter le pont de fer. A cause de quoi, les rues sont incendiées par nous et des civils fusillés. » [1]

Seules pourtant, les troupes régulières du génie français ont pu faire sauter le pont de fer de Creil : et les civils n'y furent pour rien. Pour excuser ces massacres, quand ils daignent fournir une excuse, les carnets disent communément : c'est que des « *civils* » ou des « *Franktiroers* » avaient tiré sur nos troupes. — Mais la Convention de 1907, ce « chiffon de papier » signé par l'Allemagne, stipule, en son article premier, que « les lois, les droits et les devoirs de la guerre ne s'appliquent pas seulement à l'armée, mais encore aux milices et aux corps de volontaires » réunissant certaines conditions, dont la principale est de « porter les armes ouvertement », et en son article 2, elle stipule que « la population d'un territoire non occupé qui, à l'approche de l'ennemi, prend spontanément les armes pour combattre les troupes d'invasion sans avoir eu le temps de s'organiser conformément à l'article premier, sera considérée comme belligérante si elle porte les armes ouvertement et si elle respecte les lois et coutumes de la guerre. » A la lumière de ce texte, les sauvages récits qui suivent prendront leur vrai sens :

1. « 3.9 1914. *Creil.* Die Brücke (eiserne) gesprengt. Dafür Strassen in Brand gesteckt, Civilisten erschossen. »

a) *Carnet du soldat Hassemer* (VIIIe Corps) :

« 3.9.1914. A Sommepy (Marne). — Horrible carnage, le village brûlé jusqu'à ras de sol, les Français jetés dans les maisons en flammes, les civils et tout brûlés ensemble. » [1]

b) *Carnet du lieutenant Kietzmann* (2e compagnie du 1er bataillon du 49e régiment d'infanterie), à la date du 18 août (*Fig. 3*) :

« Un peu en avant de Diest [2], se trouve le village de Schaffen.

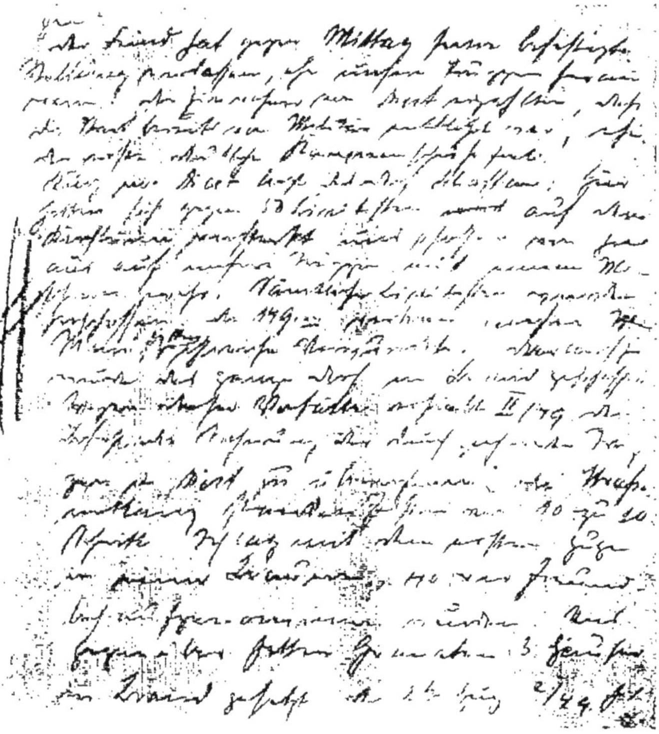

Fig. 3.

1. « 3.9.1914. Ein schreckliches Blutbad, Dorf abgebrannt, die Franzosen in die brennenden Häuser geworfen, Zivilpersonen alles mitverbrannt. »

2. « Kurz vor Diest liegt das Dorf Schaffen. Hier hatten sich gegen 50 Civilisten auf dem Kirchturm versteckt und schossen von hier aus auf unsere Truppen mit einem Maschinengewehr. Sämtliche Civilisten wurden erschossen. »

Cinquante civils environ s'étaient cachés dans la tour de l'église, et de là-haut tiraient sur nos troupes avec une mitrailleuse. Tous les civils ont été fusillés. »[1]

c) *Carnet d'un officier saxon anonyme* (du 178e régiment, XIIe Corps d'armée, 1er Corps saxon) :

« 26 août. L'admirable village du Gué-d'Hossus (Ardennes) a été livré à l'incendie, bien qu'innocent, à ce qu'il me semble. On me dit qu'un cycliste est tombé de sa machine, et que, dans sa chute, son fusil est parti tout seul: alors on a fait feu dans sa direction. Là-dessus, on a tout simplement jeté des habitants mâles dans les flammes. Il faut espérer que de telles atrocités ne se renouvelleront plus. »[2]

L'officier saxon avait pourtant vu déjà de telles « atrocités »: la veille, 25 août, à Villers-en-Fagne (Ardennes belges), « où l'on avait trouvé des grenadiers de la Garde tués ou blessés », il avait vu « le curé et d'autres habitants fusillés »; et trois jours plus tôt, le 23 août, au village de Bouvignes, au nord de Dinant, il avait vu des choses qu'il raconte ainsi :

« Nous pénétrons, par une brèche pratiquée par derrière, dans la propriété d'un habitant aisé, et nous occupons la maison. A travers un dédale de pièces nous atteignons le seuil. Là le corps gisant du propriétaire. A l'intérieur, nos hommes ont tout détruit, comme des Vandales. Tout a été fouillé. Au dehors, dans le pays, le spectacle des habitants fusillés, étendus contre le sol, défie toute description. La fusillade à bout portant les a

1. Je noterai en passant, et simplement pour préciser, que le *Premier rapport de la Commission d'enquête belge* (Anvers, 28 août, p. 3) énumère quelques-uns des « civils » tués à Schaffen le 18 août : entre autres, « l'épouse François Luyckz, âgée de quarante-cinq ans, *avec sa fille de douze ans, qui furent découvertes dans un égout et fusillées* »; et « la fille du nommé Jean Ooyen, *âgée de neuf ans*, qui fut fusillée », et « le nommé André Willem, sacristain, qui fut attaché à un arbre et *brûlé vif*. »

2. « 26.8.1914. Das wunderschöne Dorf Gué d'Hossus soll ganz unschuldig in Flammen gegangen sein. Ein Radfahrer soll gestürzt sein und dabei sein Gewehr losgegangen, gleich ist auf ihn geschossen worden. Man hat männliche Einwohner einfach in die Flammen geworfen. Solche Scheusslichkeiten kommen hoffentlich nicht wieder vor. »

presque décapités. Chaque maison a été fouillée dans les moindres recoins, et les habitants arrachés de toutes leurs cachettes. Les hommes, fusillés ; les femmes et les enfants, enfermés dans un couvent, d'où des coups de feu ont été tirés. Le couvent est, pour cette raison, sur le point d'être incendié ; il pourra se racheter néanmoins, s'il livre les coupables et s'il paye une rançon de 15.000 francs. » [1]

Il arrive, comme on va voir, que ces carnets se complètent les uns les autres.

d) *Carnet du soldat Philipp* (de Kamenz, en Saxe, 1re compagnie du 1er bataillon du 178e régiment). Le même jour, 23 août, un soldat du même régiment voyait une certaine scène, analogue à celle qui vient d'être décrite, probablement la même, mais le point de perspective est autre (*Fig. 4*):

« Le soir, à dix heures, le 1er bataillon du 178e descendit dans le village incendié au nord de Dinant. Spectacle triste et beau, et qui faisait frissonner. A l'entrée du village gisaient environ cinquante bourgeois, fusillés pour avoir, par guet-apens, tiré sur nos troupes. Au cours de la nuit, beaucoup d'autres furent pareillement fusillés, si bien que nous en pûmes compter plus de deux cents. Des femmes et des enfants, la lampe à la main, furent contraints à assister à l'horrible spectacle. Nous mangeâmes ensuite notre riz au milieu des cadavres, car nous n'avions rien mangé depuis le matin. » [2]

Tableau militaire tout tracé, et bien digne d'être mis au concours par l'Académie des Beaux-Arts de Dresde. Mais un passage du texte est obscur et risque d'embarrasser les peintres : « Des femmes et des enfants, la lampe à la main, furent contraints à assister à l'horrible spectacle. » Quel

1. Ce carnet sera bientôt publié intégralement. C'est un document intéressant à maints égards, et, par exemple, parce qu'on y voit le mépris de l'officier saxon pour nos troupes se changer progressivement en admiration, et sa confiance en inquiétude.

2. « Gleich am Eingange lagen ca. 50 erschossene Bürger, die meuchlings auf unsre Truppen gefeuert hatten. Im Laufe der Nacht wurden noch viele erschossen, sodass wir über 200 zählen konnten. Frauen und Kinder, die Lampe in der Hand, mussten dem entzetzlichen Schauspiele zusehen. Wir assen dann immitten der Leichen unsern Reis, seit Morgen hatten wir nichts gegessen. »

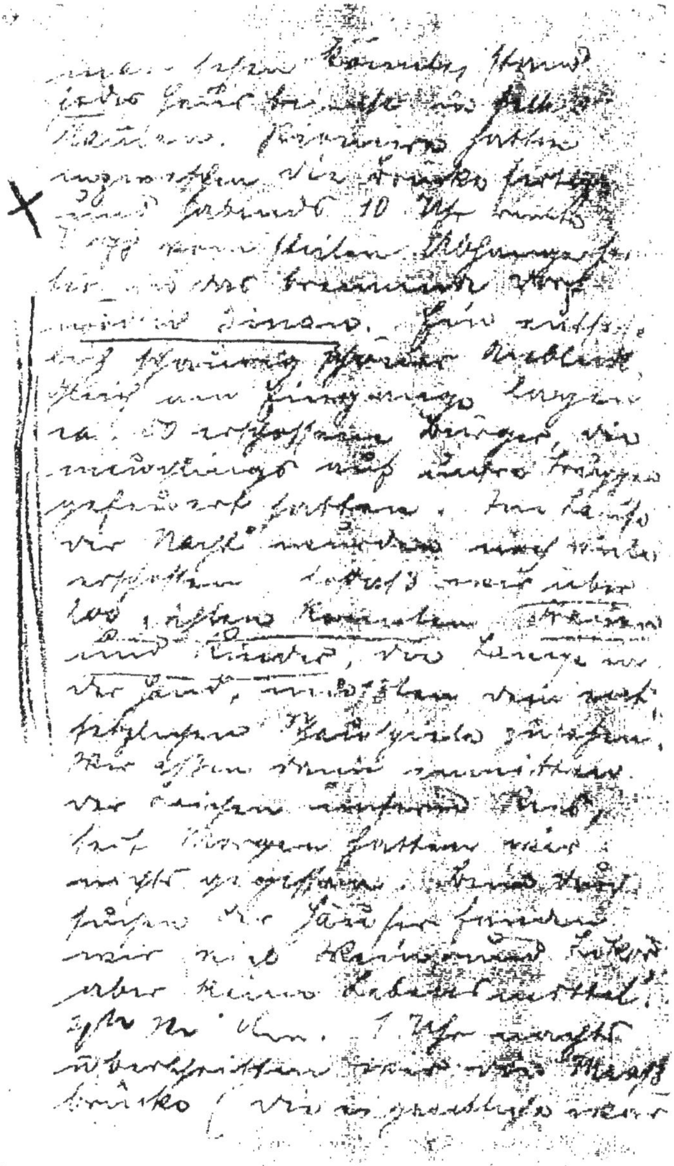

Fig. 4.

spectacle? La fusillade? ou le dénombrement des cadavres? Les peintres, pour fixer ce point d'histoire, devront interroger le colonel du 178e, ce noble soldat.

Il n'a fait d'ailleurs, ce soir-là, que travailler selon l'esprit de ses compagnons d'armes et de ses chefs. Qui voudra s'en convaincre n'aura qu'à lire dans le *Sixième rapport de la Commission d'Enquête belge sur la violation des règles du droit des gens* (Le Havre, 10 novembre 1914) les ignobles proclamations que les Allemands ont placardées en Belgique. Je me borne à trois courtes citations :

Extrait d'une proclamation du général von Bülow, affichée à Liége le 22 août 1914 :

« Les habitants de la ville d'Andenne, après avoir protesté de leurs intentions pacifiques, ont fait une surprise traître sur nos troupes. C'est avec mon consentement que le Général en chef a fait brûler toute la localité et que cent personnes environ ont été fusillées. » [1]

Extrait d'une proclamation du major-commandant Dieckmann, affichée à Grivegnée le 8 septembre 1914 :

« Celui qui n'obtempère pas de suite au commandement « Levez les bras ! » se rend coupable (*sic*) de la peine de mort. »

Extrait d'une proclamation du maréchal baron von der Goltz, affichée à Bruxelles le 5 octobre 1914 :

« A l'avenir, les localités les plus rapprochées de l'endroit où de pareils faits (destructions de voies ferrées et de lignes télégraphiques) se sont passés, — *peu importe qu'elles soient complices ou non* — seront punies sans miséricorde. A cette fin, des otages ont été emmenés de toutes les localités voisines des voies ferrées menacées par de pareilles attaques, et, à la première tentative de détruire les voies de chemin de fer, les lignes télégraphiques ou du téléphone, ils seront immédiatement fusillés. »

1. Le *Rapport* belge conteste que les habitants d'Andenne aient fait acte d'hostilité contre les troupes allemandes, et ajoute : « En réalité, plus de deux cents personnes ont été fusillées. Tout est à peu près ravagé. Sur une distance de trois lieues au moins les maisons sont brûlées. »

III

Ceci (*Fig.* 5) est la première page d'un carnet non signé :

« *Langeviller*, [22 août]. Village détruit par le 11e bataillon de pionniers. Trois femmes pendues aux arbres : les premiers morts que j'aie vus. »[1]

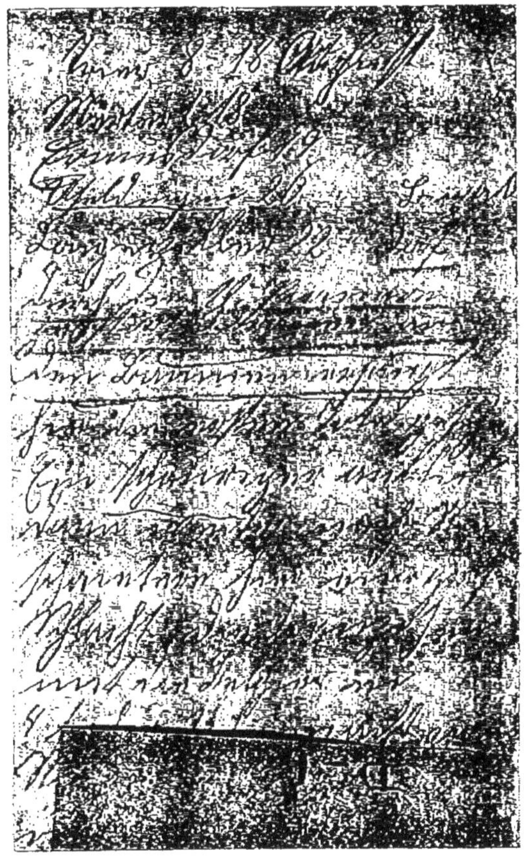

Fig. 5.

Qui sont ces trois femmes ? Des criminelles assurément, coupables sans doute d'avoir tiré sur les troupes allemandes, à moins qu'elles n'aient « communiqué par téléphone » avec l'ennemi ; et le 11e Pionniers, à n'en pas douter, les a châtiées justement. Mais enfin, elles ont expié maintenant, et le 11e Pionniers a passé, et de leur crime la nouvelle troupe qui s'avance ne sait rien. Dans cette troupe nouvelle, ne se trouvera-t-il pas un chef, un chrétien, pour ordonner que l'on coupe les cordes et que l'on rende ces femmes à la terre ? Non, le régiment passera

1. « Langewiller, 22. Dorf durch die 11. Pionniere zerstört. 3 Frauen an den Bäumen erhängt : hier die ersten Tote gesehen. »

sous les gibets, et les drapeaux frôleront les cadavres ; ils passeront, colonel et officiers, ces gentilshommes, ces *Kulturträger*. Et ils savent ce qu'ils font : ces mortes doivent rester là, pour l'exemple ; pour l'exemple, non pas des autres femmes du village (déjà, sans doute, elles ont compris), mais bien pour l'exemple du régiment, et des autres régiments qui viendront après, qu'il s'agit d'aguerrir, à qui il convient d'enseigner leur devoir, et c'est de tuer à l'occasion des femmes. L'enseignement porta, en effet. En veut-on la preuve ? Le jeune soldat qui avait vu ce jour-là, nous disait-il, « des morts pour la première fois », note ceci, huit jours après, à la page dixième et dernière de son carnet (*Fig. 6*) :

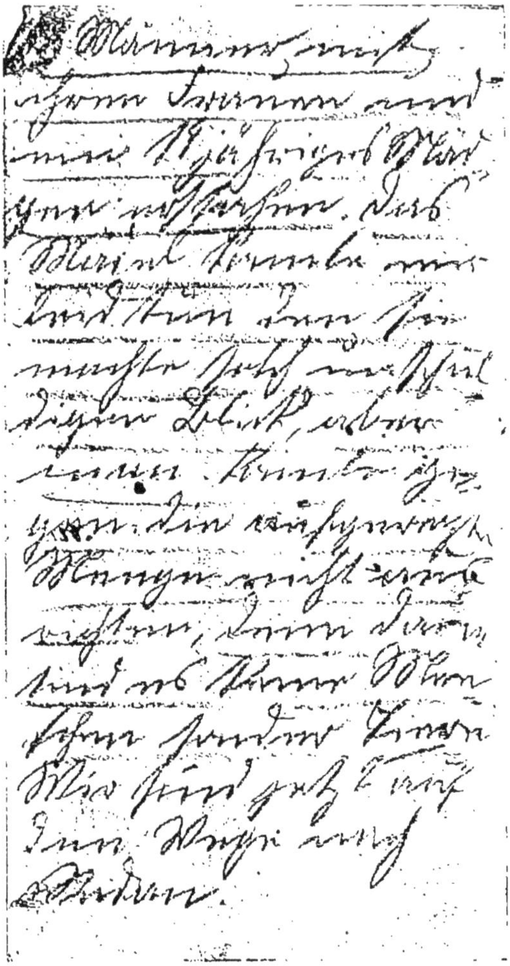

Fig. 6.

« C'est de la sorte que nous avons détruit huit maisons, avec leurs habitants. Dans une seule d'entre elles, furent passés à la baïonnette deux hommes avec leurs femmes et une jeune fille de dix-huit ans. La petite a failli m'attendrir, son regard était si plein d'innocence ! Mais on ne pouvait plus maîtriser la bande excitée, car en de tels moments, on n'est plus des hommes, on est des bêtes. »[1]

Et, pour témoigner que ces assassinats de femmes et

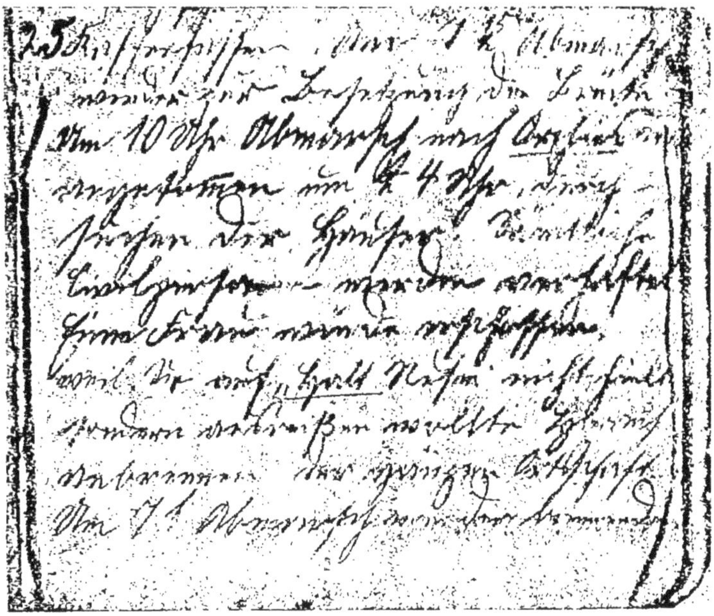

Fig. 7.

d'enfants sont pour les soldats de l'Allemagne besognes coutumières, voici quelques autres textes :

a) L'auteur d'un carnet non signé (*Fig.* 7) rapporte qu'à Orchies (Nord) « une femme fut passée par les armes pour n'avoir pas obéi au commandement de *Halte !*

1. « [So haben wir 8 Häuser mit den Einwohnern vernichtet. Aus einem Hause wurden allein] 2 Männer mit ihren Frauen und ein 18jähriges Mädchen erstochen. Das Mädel konnte mir leid tun, den[n] sie machte solch unschuldigen Blick, aber man konnte gegen die aufgeregte Menge nicht[s] ausrichten, denn dann sind es keine Menschen, sonder[n] Tiere. »

Sur quoi, ajoute-t-il, incendie de toute la localité ».[1]

b) L'officier déjà cité du 178e régiment saxon rapporte qu'aux environs de Lisognes (Ardennes belges) « un chasseur de Marburg, ayant placé trois femmes l'une derrière l'autre, les abattit du même coup de feu ».

c) Et citons quelques lignes prises au carnet du réserviste Schlauter (de la 3e batterie du 4e régiment d'artillerie de campagne de la Garde) (*Fig. 8*):

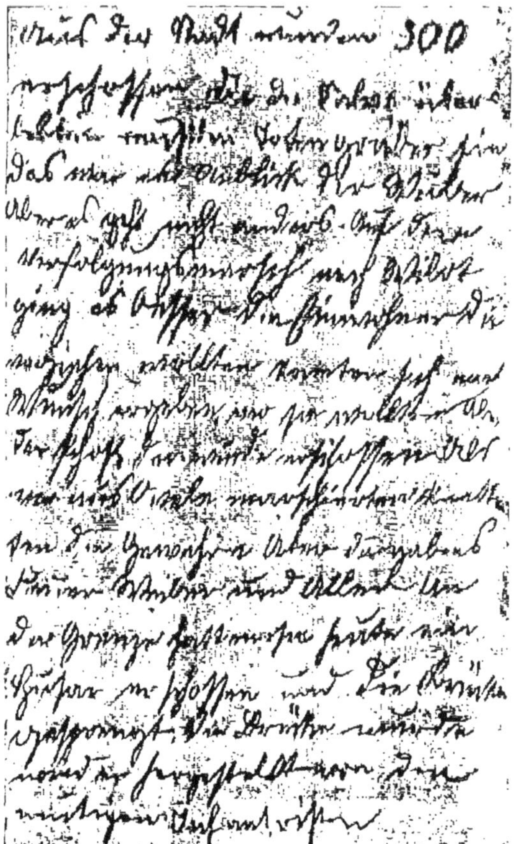

Fig. 8.

« 25 août. [En Belgique] : Des habitants de la ville, on en fusilla trois cents. Ceux qui survécurent au feu de salve furent réquisitionnés comme fossoyeurs. Il aurait fallu voir les femmes à ce moment! Mais il n'y a pas moyen de faire autrement. Dans notre marche sur Wilot, les choses allèrent mieux : on permit aux habitants qui voulaient partir de s'en aller où ils

1. « Sämtliche Civilpersonen werden verhaftet. Eine Frau wurde verschossen, weil sie auf « *Halt* » Rufen nicht hielt, sondern ausreissen wollte. Hierauf Verbrennen der ganzen Ortschaft. »

voulurent [1]. Mais qui tirait était fusillé. A notre départ d'Owele, les fusils crépitèrent : mais là, incendie, femmes, et le reste... » [2]

IV

Souvent, quand une troupe allemande veut enlever une position, elle place devant elle des civils, hommes, femmes, enfants, et s'abrite derrière ces boucliers de chair vivante. Comme le stratagème consiste essentiellement à spéculer sur la noblesse de cœur de l'adversaire, à lui dire : « Tu ne tireras pas sur ces malheureux, je le sais, et je te tiens à ma merci, désarmé, parce que tu es moins lâche que moi », comme il implique un hommage à l'ennemi et une humiliation de soi-même, il est presque inconcevable que des soldats puissent y recourir, et c'est pourquoi il représente une invention nouvelle dans la longue série des vilenies humaines, et les plus affreux *Pénitentiels* du moyen âge ne l'ont pas enregistré. Et c'est pourquoi aussi, en présence des récits français, belges, anglais, qui attribuent aux Allemands de telles pratiques, j'ai longtemps douté, je l'avoue, sinon de la véracité de ces témoignages, du moins de leur portée : ils devaient, me semblait-il, attester seulement des crimes d'officiers sans aveu, seulement de ces forfaits individuels qui ne déshonorent pas la nation elle-même, car la nation, les apprenant, les réprouverait. Mais comment douter que la nation allemande accepte au contraire ces exploits de goujats comme des exploits dignes d'elle, qu'elle s'y reconnaisse et s'y complaise, quand la narration suivante, signée d'un officier bavarois, le lieutenant en premier A. Eberlein, s'étale dans un des plus

1. « Aus der Stadt wurden 300 erschossen. Die die Salve überlebten mussten Totengräber sein. Das war ein Anblick der Weiber; aber es geht nicht anders. Auf dem Verfolgungsmarsch nach Wilot ging es besser. Die Einwohner, die verziehen wollten, konnten sich nach Wunsch ergeben, wo sie wollten. Aber der schoss, der wurde erschossen. Als wir aus Owele marschierten, knatterten die Gewehre : aber da gab es Feuer, Weiber, und Alles. »

2. Je respecte en cette phrase l'obscurité, sans doute volontaire, du texte original.

célèbres journaux de l'Allemagne, les *Münchner Neueste Nachrichten*, en son numéro du mercredi 7 octobre 1914 (nº 513, *Vorabendblatt*, p. 2)? Le lieutenant Eberlein y raconte l'occupation de Saint-Dié, à la fin d'août. Entré dans la ville à la tête d'une colonne, il fut obligé de se barricader dans une maison, en attendant du renfort (*Fig. 9*) :

« Nous avons arrêté trois civils, ajoute-t-il, et voici que me vient une bonne idée. On les campe sur des chaises, et on leur fait comprendre qu'il leur faut aller s'asseoir sur ces chaises au milieu de la rue. Supplications d'une part, quelques coups de crosse d'autre part. On devient peu à peu terriblement dur. Enfin, ils sont assis dehors, dans la rue. Combien de prières angoissées ont-ils dites, je l'ignore ; mais ils ont tout le temps tenu leurs mains jointes et crispées. Je les plains, mais le moyen est d'une efficacité immédiate. Le tir en enfilade dirigé des maisons sur nous diminue aussitôt ; nous pouvons maintenant occuper la maison en face et nous devenons par là les maîtres de la rue principale. Tout ce qui désormais se montre

Münchner Neueste Nachrichten.

unser braver Offiziersstellvertreter W. hat ja mit eigener Lebensgefahr Meldung an die Brigade von unserer bedrängten Lage gemacht; er wird wohl auch ungefähr angegeben haben, in welchem Haus wir uns aufhalten. Zum Ueberfluß stecken wir auch noch ein weißes Leintuch oben zum Dachfenster hinaus.

In dieser Lage, vollständig abgeschnitten von unserer Brigade, mochten wir wohl zwei Stunden ausgehalten haben, da stürzen plötzlich durch ein geöffnetes Fenster — die Brüstung ist ganz nieder — zwei elegante junge Damen herein, weiße Betttücher in den Händen schwingend, und sich mir zu Füßen werfend. Die Situation war mir, man verzeihe mir diesen Ausdruck, hochdramatisch. Die eine spricht deutsch, d. h. sie stößt einzelne Worte heraus, die ich mir zusammenreime. Ihre Mutter und Schwester sind gefangen von den Deutschen, sie selbst sollen den Maire von St. Dié holen, sonst werden die beiden als Geiseln erschossen. Eine halbe Stunde hat ihnen der Herr General Zeit gegeben. Nun sind sie auf der Suche in unser Artillerie- und Infanteriefeuer gekommen und sind über die Leichen der Unserigen hinweg in unser Haus gesprungen.

Ich lasse sie in den bombensicheren Weinkeller hinunterführen. Beruhigung: Würde später mit dem Herrn General persönlich sprechen. Außerdem wußte ich schon längst, daß der Herr Maire mitsamt den Beigeordneten verduftet ist, ebenso wie unser [illegible] Biedermann, der sie herbeiholen sollte.

Aber drei andere Zivilisten haben wir verhaftet und da kommt mir ein guter Gedanke. Sie werden auf Stühle gesetzt und ihnen bedeutet, einen Sitzplatz mitten auf der Straße zu nehmen. Händeringen und Flehen auf der einen, ein paar Gewehrkolben auf der anderen Seite. Man wird allmählich furchtbar hart. Dann sitzen sie draußen auf der Straße. Wie viele Stoßgebete sie losgelassen, weiß ich nicht, aber ihre Hände sind die ganze Zeit krampfhaft gefaltet.

So leid sie mir tun, aber das Mittel hilft sofort.

Das Flankenfeuer aus den Häusern läßt sofort nach, wir können jetzt auch das gegenüberliegende Haus besetzen und sind damit die Herren der Hauptstraße. Was sich jetzt noch auf der Straße zeigt, wird niedergeschossen. Auch die Artillerie hat unterdessen kräftig gearbeitet, und als gegen 7 Uhr abends die Brigade zum Sturm vorrückt, um uns zu befreien, kann ich die Meldung erstatten: „St. Dié vom Gegner frei!"

Wie ich später erfuhr, hat das . . . Reserve-Regiment, das nördlich von uns in St. Dié eindrang, ganz ähnliche Erfahrungen gemacht wie wir. Ihre vier Zivilisten, die sie ebenfalls auf die Straße setzten, wurden jedoch von den Franzosen erschossen. Ich habe sie selbst am Krankenhaus mitten in der Straße liegen sehen.

Nun noch eine Episode von diesem Tag, die beweist, welcher Geist unsere Soldaten, auch in solch kritischer Situation beherrscht. Es war gerade in dem Augenblick, in dem keiner von uns für sein Leben einen Pfifferling mehr gegeben hätte, da tritt unser Hornist — er ist der Typus eines bayerischen Reservemannes — auf mich zu, in der Hand — ein Glas Bier. „Bier gefällig, Herr Oberleutnant?" — Er hat in aller Seelenruhe hinter dem Buffet ein „Faßl" Bier angezapft und jedem ein Glas kredenzt, auch manchem, dem dies der letzte Schluck werden sollte.

Ja, ja, das Leben bewegt sich in Gegensätzen, am meisten im Krieg.

Oberleutnant K. Eberlein (m)

Fig. 9.

dans la rue est fusillé. L'artillerie, elle aussi, a travaillé vigoureusement pendant ce temps, et lorsque, vers sept heures du soir, la brigade s'avance à l'assaut pour nous délivrer, je puis faire le rapport : « Saint-Dié est vide d'ennemis. »

« Comme je l'ai appris plus tard, le ...e régiment de réserve, qui est entré à Saint-Dié plus au nord, a fait des expériences tout à fait semblables aux nôtres. Les quatre civils qu'ils avaient également fait asseoir dans la rue ont été tués par les balles françaises. Je les ai vus moi-même étendus au milieu de la rue, près de l'hôpital. »

V

L'article 28 de la Convention de La Haye de 1907, signée par l'Allemagne, est ainsi conçu : « Il est interdit de livrer au pillage une ville ou localité, même prise d'assaut. » Et l'article 47 porte : « [En territoire occupé], le pillage est interdit. »

Voici comment les armées de l'Allemagne interprètent ces articles :

Le soldat Handschuhmacher (du 11e bataillon de chasseurs de réserve) écrit sur son carnet :

« 8 août 1914. *Gouvy* (Belgique). Là, les Belges ayant tiré sur des soldats allemands, nous nous mîmes aussitôt à piller la gare des marchandises. Quelques caisses, des œufs, des chemises ; et tout ce qui pouvait se manger fut enlevé. Le coffre-fort fut éventré, et l'or distribué entre les hommes. Quant aux valeurs, on les déchira. » [1]

Cela se passait dès le quatrième jour de la guerre, et cela nous aide à comprendre qu'en un article technique sur le fonctionnement de la trésorerie militaire (*der Zahlmeister im Felde*), le *Berliner Tageblatt* du 26 novembre 1914

1. « Hier hatten Belgier auf deutsche Soldaten geschossen, und gingen wir sofort daran den Güterbahnhof zu plündern. Einige Kisten : Eier, Hemden, und alles was zum essen war wurde aus den Kisten herausgeschlagen... Der eiserne Geldschrank wurde eingeschlagen und das Gold unter die Leute geteilt, Werthpapiere wurden zerrissen. »

(*1. Beiblatt*) note dans une simple incidente un phénomène économique pourtant curieux : « Comme c'est, dit-il, un fait d'expérience que l'on envoie par mandats-poste beaucoup plus d'argent du théâtre des opérations vers l'intérieur du pays que *vice versâ...* » (« *Da nun aber erfahrungsgemäss viel mehr Geld vom Kriegsschauplatz nach der Heimat gesandt wird...* »)

Mais, comme, selon la pratique constante des armées allemandes, le pillage n'est que le prélude de l'incendie, le sous-officier Hermann Levith (du 160e régiment d'infanterie, VIIIe Corps) écrit :

« L'ennemi a occupé le village de Bièvre et la lisière du bois par derrière. La 3e compagnie s'est avancée en première ligne. Nous avons enlevé le village, puis pillé et brûlé presque toutes les maisons. » [1]

Et le soldat Schiller (du 133e d'infanterie, XIXe Corps) écrit :

« C'est à Haybes (Ardennes) que, le 24 août, nous avons livré notre premier combat. Le 2e bataillon entre dans le village, fouille les maisons, les pille, et brûle celles d'où l'on avait tiré. » [2]

Et le soldat Séb. Reishaupt (du 3e d'infanterie bavaroise, Ier Corps bavarois) écrit :

« Parux (Meurthe-et-Moselle) est le premier village que nous ayons brûlé ; après, la danse commença : les villages, l'un après l'autre ; par prés et par champs nous fûmes à bicyclette jusqu'à des fossés au bord de la route, et là nous mangeâmes des cerises. » [3]

1. « 23.8.1914. Der Feind hat das Dorf Bievre besetzt und den Waldrand dahinter. Die 3. Kompagnie ging in 1. Linie vor. Wir stürmten das Dorf, plünderten und brannten fast sämtliche Häuser nieder. »

2. « 24.8.1914. *Haybes.* Hier kamen wir in das erste Gefecht (Dorfgefecht). Das 2. Bataillon hinein in das Dorf, die Häuser untersucht, geplündert, und wo herausgeschossen wurde, abgebrannt. »

3. « 10.8.1914. Parie (*sic*) das erste Dorf verbrannt, dann gings los : 1 Dorf nach dem andern in Flammen ; über Feld und Acker mit Rad bis wir an Strassengraben kamen, wo wir dann Kirschen assen. »

Ils volent à qui mieux mieux, ils volent n'importe quoi, et tiennent registre de leurs vols : « *Schnaps, Wein, Marmelade, Zigarren* », écrit ce simple soldat ; et l'élégant officier du 178e saxon, qui s'était indigné d'abord du « Vandalismus » de ses hommes, confesse qu'à son tour, le 1er septembre, à Rethel, il a volé, « dans une maison près de l'*Hôtel Moderne*, un superbe imperméable et un appareil photographique pour Félix ». Sans distinction de grade, ni d'arme, ni de corps, ils volent, et, même dans les ambulances, les médecins volent. Exemple pris au carnet du soldat Johannes Thode (4. Reserve-Ersatz-Regiment) :

« A Bruxelles. 5.10.14. Une automobile arrive à l'hôpital et apporte du butin de guerre : un piano, deux machines à coudre, beaucoup d'albums, et toutes sortes d'autres choses. »

« Deux machines à coudre » comme « butin de guerre » (*Kriegsbeute*). A qui furent-elles volées ? Sans doute à deux humbles femmes belges. Et à l'intention de qui ?

VI

Je dois le reconnaître : des quarante carnets environ que j'ai maniés, il en est six ou sept qui ne relatent aucune exaction, soit réticence hypocrite, soit que certains régiments fassent la guerre moins vilement. Et je connais jusqu'à trois carnets, dont les auteurs, racontant des choses ignobles, s'étonnent, s'indignent, s'attristent. De ceux-là, je ne dirai pas les noms, parce qu'ils ont mérité notre égard, et pour leur épargner le risque d'être un jour blâmés chez eux ou châtiés. Le premier, le soldat X..., qui appartient au 65e d'infanterie de Landwehr, dit de certains de ses compagnons d'armes (*Fig. 10*) :

« Ils ne se comportent pas en soldats, mais bien en voleurs de

1. « 5.10.1914. Ein Auto kommt ins Lazarett und bringt Kriegsbeute : 1 Klavier, 2 Nähmaschinen, viele Alben, und allerlei sonstige Sachen.»

grand chemin, en bandits et en brigands, et sont un déshonneur pour notre régiment et pour notre armée. »[1]

Le second, le lieutenant Y..., du 77e d'infanterie de réserve, dit :

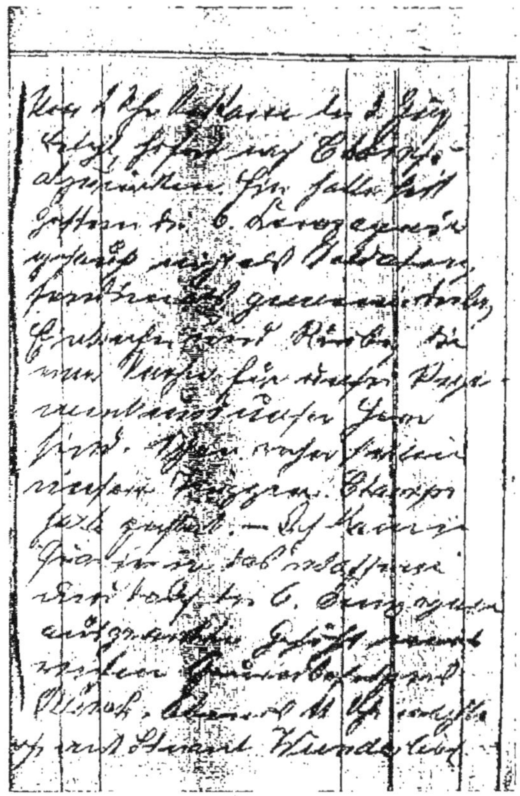

Fig. 10.

« Nulle discipline;... les pionniers ne valent pas cher; quant aux artilleurs, c'est une bande de voleurs. »[2]

Et le troisième, le soldat Z..., du 12e d'infanterie de réserve (Ier Corps de réserve), écrit (*Fig. 11*) :

« Malheureusement, je suis forcé de noter un fait qui n'aurait pas dû pouvoir se produire ; mais il y a, même dans notre armée, des bougres qui ne sont plus des hommes, des cochons à qui rien n'est sacré. L'un d'eux est entré dans une sacristie fermée à clef, où était le Saint-Sacrement. Par respect, un *protestant* avait évité d'y coucher; lui, il y déposa de larges excréments. Comment peut-il y avoir de tels êtres? La nuit dernière, un homme de la Landwehr, âgé de plus de trente-cinq ans, marié, a voulu

1. « Hier hatte gestern die 6. Kompagnie gehaust, nicht als Soldaten, sondern als gemeine Diebe, Einbrecher und Räuber, die eine Unehre für unser Regiment und unser Heer sind. Schon vorher hatten unsre Truppen *Champs* halb gestört. »

2. « Schlimm sind die Pionniere; die Artillerie, eine Räuberbande. »

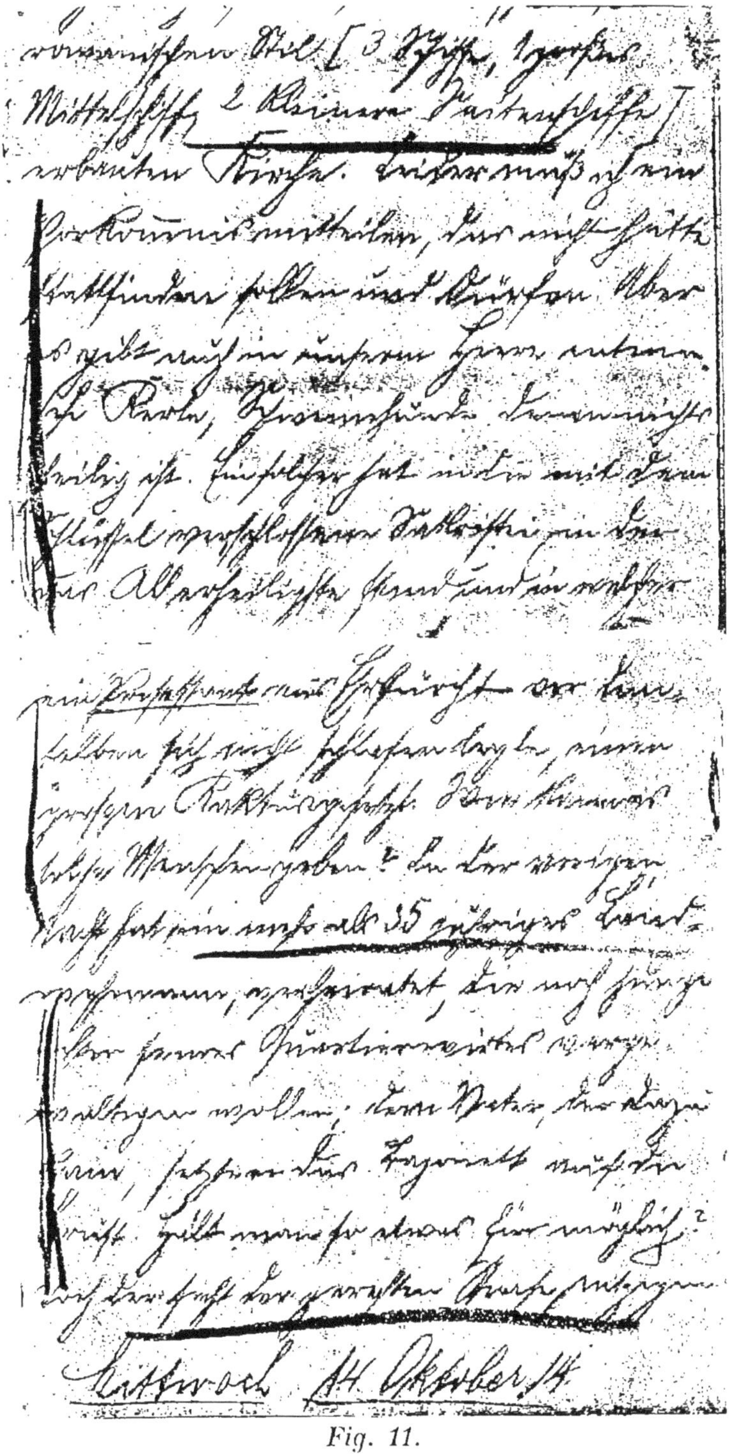

Fig. 11.

violer la fille de l'habitant chez qui il avait pris quartier, une fillette; et, comme le père intervenait, il lui a appuyé sa baïonnette contre la poitrine. »[1]

A part ces trois soldats, restés dignes du nom de soldats, les trente autres écrivains se ressemblent, et la même âme (si l'on peut ainsi parler) les anime, effrénée, inférieure. Ils se ressemblent, avec quelques nuances pourtant : il y en a qui distinguent les cas, en juristes subtils, tantôt blâmant, tantôt approuvant : « *Dort war ein Exempel am Platze* »; et il y en a qui ricanent : « *Krieg ist Krieg* », ou en français de préférence, pour ajouter à la dérision : « *Ja, ja, c'est la guerre* »; et il y en a qui, leur laide besogne faite, ouvrent leur livre de cantiques et chantent des psaumes : tel le lieutenant saxon Reislang, qui raconte comment un jour il lâcha une ripaille pour assister au « Gottesdienst », mais, ayant trop bu et trop mangé, dut quitter le prêche en grande hâte; tel le soldat Moritz Grosse, du 177e d'infanterie, qui, après avoir dépeint le sac de Saint-Vieth (22 août), le sac de Dinant (23 août), écrit cette phrase (*Fig. 12*) :

« Lancement de grenades incendiaires dans les maisons. Le soir, choral militaire : *Nun danket alle Gott ! (Maintenant, remerciez tous Dieu !)* »[2]

Ils se ressemblent. Or, si l'on considère que je pourrais remplacer les textes qui précèdent par d'autres, équivalents, non moins cyniques, pris, par exemple, au carnet du réserviste Lautenschlager, du 1er bataillon du 66e régiment

1. « Leider muss ich ein Vorkommnis mitteilen, das nicht hätte stattfinden sollen und dürfen. Aber es gibt auch in unserm Heere entmensch[t]e Kerle, Schweinhunde, denen nichts heilig ist. Ein solcher hat in die mit dem Schlüssel verschlossene Sakristei, in der das Allerheiligste stand und in welcher ein *Protestant* aus Ehrfurcht vor demselben sich nicht schlafen legte, einen grossen Kaktus gesetzt. Wie kann es solche Menschen geben? In der vorigen Nacht hat ein mehr als 35jähriger Landwehrmann, verheiratet, die noch junge Tochter seines Quartierwirtes vergewaltigen wollen; dem Vater, der dazu kam, setzte er das Bayonett auf die Brust. »

2. « Einschlagen von Granaten in die Häuser. Abends Feldgesang : *Nun danket alle Gott.* »

d'infanterie, ou au carnet du soldat Eduard Hohl, du VIIIe Corps, ou au carnet du sous-officier Reinhold Koehn, du 2e bataillon de pionniers poméraniens, ou au carnet du sous-officier Otto Brandt, de la 2e section des ambulanciers de réserve, ou au carnet du réserviste Martin Müller, du 100e de réserve saxon, ou au carnet du lieutenant Karl Zimmer, du 55e d'infanterie, ou au carnet du soldat Erich Pressler, du 100e grenadiers, Ier Corps saxon, etc.; et, si l'on observe que, des exactions ci-dessus rapportées, il en est bien peu qui soient le fait de brutes isolées (comme il peut s'en rencontrer, comme il s'en rencontre, hélas! dans les plus nobles armées), et que je n'ai guère relevé ici que des crimes commis en service commandé, et qui engagent et déshonorent, non pas l'individu seulement, mais

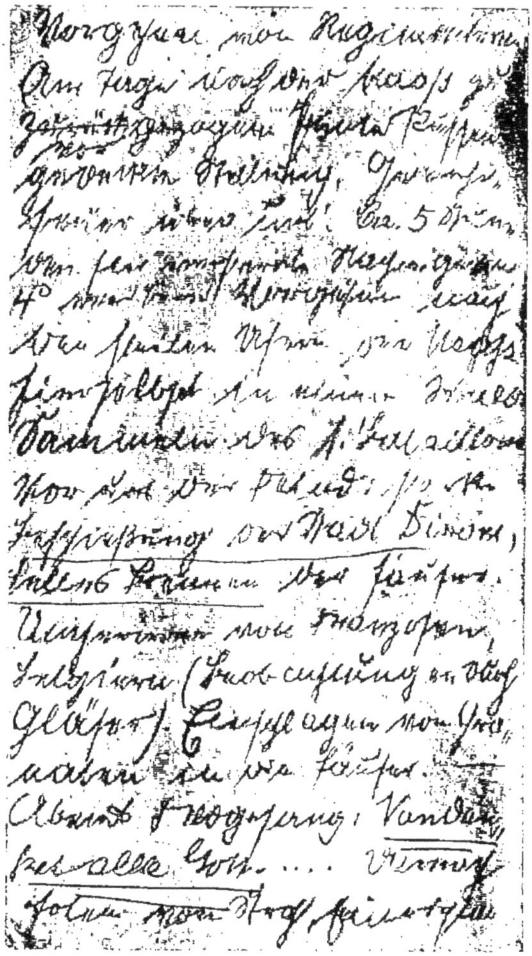

Fig. 12.

la troupe entière, l'officier, la nation ; et si l'on remarque enfin que ces trente carnets, bavarois ou saxons, badois ou rhénans, poméraniens ou brandebourgeois, pris au hasard, en doivent représenter des centaines et des milliers d'autres tout semblables, et qu'ils sont d'une effrayante monotonie, on sera forcé de convenir, je crois, que M. René Viviani n'a rien outré quand, du haut de la tribune française, il a parlé de « ce système de meurtres et de pillages collectifs que l'Allemagne appelle la guerre ».

VII

S. M. l'Empereur d'Allemagne, en ratifiant la Convention de La Haye de 1907, a convenu (article 24) qu' « il est interdit ... *c*) de tuer ou de blesser un ennemi qui, ayant mis bas les armes ou n'ayant plus les moyens de se défendre, s'est rendu à discrétion ; *d*) de déclarer qu'il ne sera pas fait de quartier. »

Les armées de l'Allemagne ont-elles respecté ces conventions? Dans les rapports belges et français, les dépositions foisonnent, telles que celle-ci, qui émane d'un capitaine français, du 288e d'infanterie: «... Le 22 au soir, j'appris la présence dans le bois, à cent cinquante mètres au nord du carrefour formé par la rencontre de la grande tranchée de Calonne avec le chemin de Vaux-les-Palameix à Saint-Remy, de cadavres de soldats français fusillés par les Allemands. Je m'y rendis, et vis en effet une trentaine de soldats réunis sur un petit espace, pour la plupart couchés, quelques-uns cependant à genoux, et *ayant tous la même blessure, un coup de fusil dans l'oreille*. Un seul, très grièvement blessé dans les parties basses, pouvait parler, et m'a dit que les Allemands, avant de partir, leur avaient ordonné de se coucher, puis les avaient tués d'une balle dans la tête; que lui-même, blessé, avait obtenu sa grâce en disant qu'il était père de trois petits enfants. La boîte crânienne de tous ces malheureux avait été projetée au loin; les fusils brisés à la poignée étaient répandus çà et là, et le sang avait jailli sur les broussailles à tel point qu'en sortant du bois le devant de ma capote en était tout éclaboussé; c'était un vrai charnier. » J'ai cité ce témoignage non pour en faire état, mais simplement pour préciser les termes de notre accusation; et, quant à la justifier, je n'aurai garde de manquer à la règle que je me suis fixée, qui est de recourir à des sources d'information allemandes.

Voici donc le texte d'un ordre du jour que, le 26 août, le général Stenger, commandant la 58e brigade allemande, adressa aux troupes sous ses ordres :

« Von heute ab werden keine Gefangene mehr gemacht. « Sämtliche Gefangene werden niedergemacht. Werwundete ob « mit Waffen oder wehrlos niedergemacht. Gefangene auch in « grösseren geschlossenen Formationen werden niedergemacht. « Es bleibe kein Feind lebend hinter uns.

« Oberleutnant und Kompagnie-Chef, STOY; Oberst und Regiments-Kommandeur, NEUBAUER; General-Major und Brigade-Kommandeur, STENGER. »

TRADUCTION : « A partir d'aujourd'hui, il ne sera plus fait de « prisonniers. Tous les prisonniers seront massacrés. Les « blessés, en armes ou sans armes, massacrés. Même les prison- « niers déjà groupés en convois seront massacrés. Derrière « nous il ne restera aucun ennemi vivant.

« Le lieutenant en premier commandant la compagnie, STOY; « le colonel commandant le régiment, NEUBAUER; le général « commandant la brigade, STENGER. »

Une trentaine de soldats de la brigade Stenger (112e et 142e régiments d'infanterie badoise) ont été interrogés dans nos dépôts de prisonniers. J'ai lu leurs dépositions, recueillies sous la foi du serment, signées de leurs noms; tous confirment que cet ordre du jour leur fut en effet transmis le 26 août, dans telle unité par le major Mosebach, dans telle autre par le lieutenant Curtius, etc.; la plupart disent ignorer si l'ordre fut exécuté; mais trois d'entre eux disent qu'il le fut sous leurs yeux dans la forêt de Thiaville, où dix ou douze blessés français, déjà reçus à merci par un bataillon, furent achevés; deux autres ont vu exécuter l'ordre le long de la route de Thiaville, où quelques blessés,

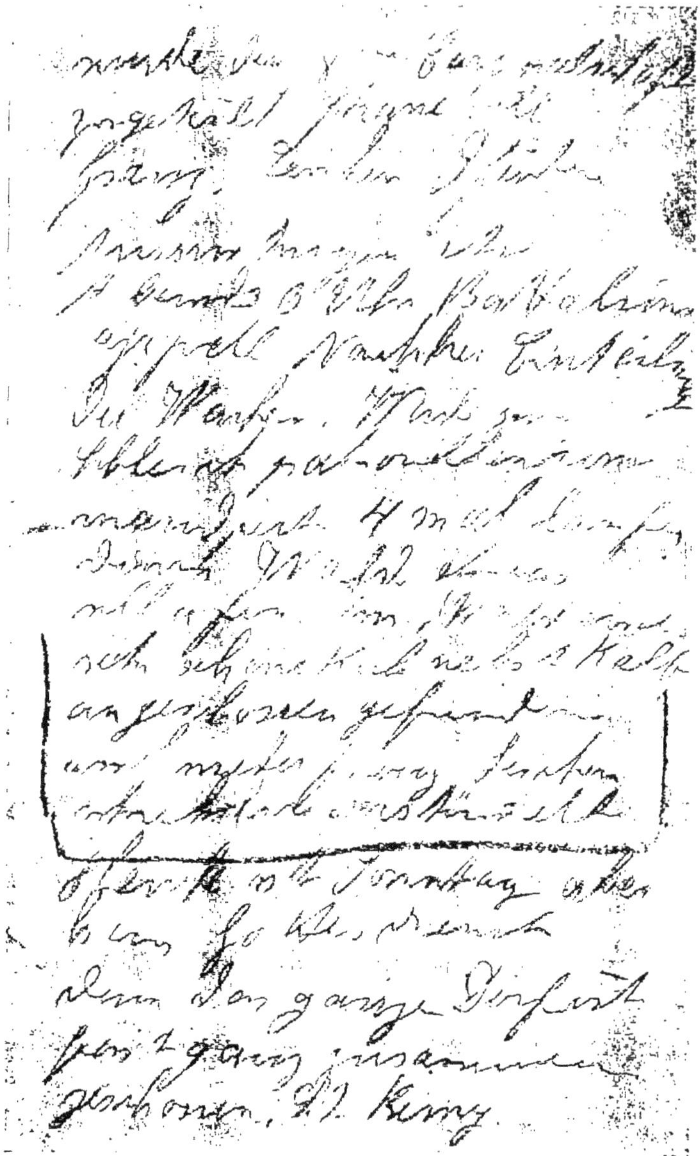

Fig. 13.

rencontrés dans les fossés par une compagnie en marche, furent achevés.

Sans doute, je ne puis produire l'autographe même du général Stenger, et ce n'est pas à moi qu'il appartient de communiquer les noms des prisonniers allemands qui ont témoigné de la sorte. Mais je ne suis pas en peine, pour attester des crimes tout semblables, de présenter ici des autographes allemands.

Par exemple, on lit (*Fig. 13*), dans le carnet du soldat Albert Delfosse (111e d'infanterie de réserve, XIVe Corps de réserve) :

« Dans la forêt (près de Saint-Remy, 4 ou 5 septembre) rencontré une très belle vache et un veau abattus; et de nouveau des cadavres français affreusement mutilés. »[1]

Doit-on comprendre que ce sont des cadavres mutilés par des armes loyales, déchiquetés, par exemple, par des obus? Il se peut; mais ce serait l'interprétation bienveillante, que dément le papier que voici (*Fig. 14* et *15, p. 32-33*) :

On y voit le fac-similé réduit d'un journal ramassé dans une tranchée allemande, le *Jauersches Tageblatt* du 18 octobre 1914. Jauer est une ville de Silésie, à cinquante kilomètres environ à l'ouest de Breslau ; deux bataillons du 154e régiment d'infanterie saxonne y tiennent garnison. Or, un jour de dimanche (*Sonntag, den 18. Oktober*), sans doute à l'heure où les habitants, les femmes, les enfants, s'en allaient à l'église ou au temple, on distribua, dans la petite ville paisible et dans les bourgs et villages du district, ce numéro du journal local, portant en manchette :

EIN TAG DER EHRE FÜR UNSER REGIMENT
24. SEPTEMBER 1914.

(*Une journée d'honneur pour notre régiment*
24 septembre 1914.)

et c'est le titre d'un article de deux cents lignes, envoyé du

1. « Im Wald, eine sehr schöne Kuh nebst 1 Kalb eingeschossen gefunden ; und wieder franz. Leichen schrecklich verstümmelt. »

front par un soldat du régiment, Unteroffizier Klemt, 1 Komp., Infanterie-Rgt. 154.

Jauersches Tageblatt

Amtlicher Anzeiger für Stadt und Kreis Jauer

Nr. 245. Jauer, Sonntag, den 18. Oktober 1914.

Abermals ein englischer Kreuzer vernichtet.

Die Unterseeboote erneut an der Arbeit.

Nichtamtlich. Berlin, 17. Okt. Aus London wird amtlich unterm 16. Okt. gemeldet: Am 15. Okt. nachmittags, wurde der englische Kreuzer „Hawke" in der nördlichen Nordsee durch einen Torpedoschuß eines Unterseebootes zum Sinken gebracht. 1 Offizier, 49 Mann wurden gerettet und in Aberdeen gelandet. Etwa 550 Mann werden vermißt. Zu gleicher Zeit wurde der Kreuzer „Theseus" angegriffen, aber ohne Erfolg.

Wie W. T. B. von amtlicher Stelle mitgeteilt wird, liegt eine Bestätigung von deutscher Seite nicht vor.

Der neueste amtl. deutsche Schlachtenbericht.

Unsere Beute in Brügge, Ostende und bei Schirwindt. — In Suwalki alles ruhig. — Fortdauer der Kämpfe bei Warschau.

Amtlich. Großes Hauptquartier, 17. Oktober, vormittags. In Brügge und Ostende wurde reichliches Kriegsmaterial erbeutet, u. a. eine große Anzahl Infanterie-Gewehre und Munition, sowie 200 Lokomotiven.

Vom französischen Kriegsschauplatz sind wesentliche Ereignisse nicht zu melden.

Im Gouvernement Suwalki verhielten sich die Russen am gestrigen Tage ruhig. Die Zahl der bei Schirwindt gemachten Gefangenen steigerte sich auf 4000, ebenso wurden noch mehrere Geschütze genommen.

Die Kämpfe bei und südlich Warschau dauern noch fort. W. T. B.

Ein Tag der Ehre für unser Regiment.

24. September 1914.

Fig. 14.

Le sous-officier Klemt y raconte comment, le 24 septembre, son régiment, parti le matin d'Hannonville et soutenu dans sa marche par des batteries autrichiennes, fut soudain reçu par un double feu d'artillerie et d'infanterie. Les pertes

Nr. 245 — Jauersches Tageblatt — 18. Oktober 1914.

Lokales und Provinzielles.

Wetter-Bericht.

Wer mindert die Not in Ostpreußen?

Fig. 15.

furent énormes. Pourtant l'ennemi restait invisible. Enfin, dit-il, on s'aperçut que les balles venaient d'en haut, d'arbres où des soldats français s'étaient juchés. Désormais je ne résume plus, je cite (*Fig. 16*) :

« On les descend des arbres comme des écureuils et on les accueille *chaudement*, à coups de crosses et de baïonnettes : ils n'ont plus besoin de médecins; nous ne combattons plus des ennemis loyaux, mais des brigands perfides [1]. Par bonds, nous traversons la clairière. Ici, là, ils sont cachés dans les buissons, et maintenant, sus à l'ennemi ! On ne fera pas de quartier. On tire debout, à volonté ; c'est tout au plus si quelques-uns tirent à genoux ; personne ne songe plus à s'abriter. Nous arrivons à une petite dépression de terrain : des pantalons rouges gisent là, morts ou blessés, en foule. Nous assommons ou transperçons les blessés, car nous savons que ces canailles, quand nous sommes passés, nous tirent dans le dos. Là est couché tout de son long un Français, face contre terre, mais il fait le mort. Le coup de pied d'un robuste fusilier lui apprend que nous sommes là. Se retournant, il demande quartier, mais on lui dit : « C'est bien ainsi, b..., que travaillent vos outils? » et on le cloue au sol. A côté de moi j'entends des craquements singuliers : ce sont les coups de crosse qu'un soldat du 154e assène vigoureusement sur le crâne chauve d'un Français : très sagement il s'est servi pour ce travail d'un fusil français, de peur de briser le sien. Les hommes à l'âme particulièrement sensible font la grâce aux blessés français de les achever d'une balle, mais les autres distribuent tant qu'ils peuvent des coups d'estoc et de taille. Nos adversaires s'étaient battus bravement : c'étaient des troupes d'élite que nous avions devant nous ; ils nous avaient laissé approcher jusqu'à trente et même dix mètres, — trop près. Des sacs et des armes jetés en masse attestent qu'ils ont voulu fuir; mais, à la vue des « fantômes gris », l'épouvante leur a paralysé les pieds, et, sur le sentier étroit qu'ils prenaient, la balle allemande leur a porté l'ordre de *Halte !* A l'entrée de leurs abris de branchages, les voilà couchés, gémissant, et qui demandent quartier. Mais, qu'ils soient blessés légèrement ou grièvement, les braves fusiliers économisent à la patrie les soins coûteux qu'il lui faudrait donner à de nombreux ennemis. »

Le récit, très orné, très littéraire, continue. L'écrivain rapporte comment S. A. R. le prince Oskar de Prusse,

1. Est-il besoin de marquer qu'il n'est pas plus « perfide », qu'il est est aussi licite de tirer des branches d'un arbre que du haut d'une fenêtre ou du fond d'une tranchée, et que c'est au contraire (la suite du récit le montrera d'ailleurs) aussi courageux que périlleux.

seelt alle. Schon werden die ersten Franzmänner entdeckt. Von den Bäumen werden sie heruntergeknallt wie Eichhörnchen, unten mit Kolben und Seitengewehr „warm“ empfangen, brauchen sie keinen Arzt mehr; wir kämpfen nicht mehr gegen ehrliche Feinde, sondern gegen tückische Räuber. Springend geht's über die Lichtung hinüber — das dort in den Hecken stecken sie drin, nun aber drauf. Pardon wird nicht gegeben. Stehend, freihändig, höchstens knieend wird geschossen, an Deckung denkt niemand mehr. Wir kommen an eine Mulde, tote und verwundete Rothosen liegen massenhaft umher, die Verwundeten werden erschlagen oder erstochen, denn schon wissen wir, daß diese Lumpen, wenn wir vorbei sind, uns im Rücken befeuern.

Mit der größten Erbitterung wird gekämpft.

Dort liegt ein Franzmann lang ausgestreckt, das Gesicht auf dem Boden, er stellt sich aber nur tot. Der Fußtritt eines strammen Musketiers belehrt ihn, daß wir da sind. Sich umdrehend, ruft er Pardon, aber schon ist er mit den Worten: „Siehst du, du B..., so stechen eure Dinger“ auf der Erde festgenagelt. Neben mir das unheimliche Krachen, kommt von den Kolbenschlägen her, die ein 154er wuchtig auf einen französischen Kahlkopf niedersausen läßt. Wohlweislich benutzte er zu der Arbeit ein französisches Gewehr, um das seinige nicht zu zerschlagen. Leute mit besonders weichem Gemüt geben verwundeten Franzosen die Gnadenkugel, die anderen hauen und stechen nach Möglichkeit. Tapfer haben sich die Gegner geschlagen, es waren Elitetruppen, die wir vor uns hatten, auf 30—10 Meter ließen sie uns herankommen, dann war's allerdings zu spät. Massenhaft weggeworfene Tornister und Waffen zeugen davon, daß sie fliehen wollten, aber das Entsetzen beim Anblick der feldgrauen Unholde“ hat ihnen die Füße gelähmt und mitten im schmalen Stege hat ihnen die deutsche Kugel ihr „Stopp“.

Fig. 16.

averti des exploits (peut-être, à vrai dire, d'autres exploits) du 154e et du régiment de grenadiers qui fait brigade avec le 154e, les déclara tous deux dignes du nom de *Königsbrigade*, et termine enfin sur cette phrase : « Le soir venu, une prière d'action de grâces sur les lèvres, nous nous endormîmes dans l'attente du jour suivant. » Puis, ayant rimé par surcroît, en guise de post-scriptum, une petite pièce de vers, *Heimkehr vom Kampf*, il porte le tout, prose et vers, à son lieutenant, qui y met son contreseing :

CERTIFIÉ EXACT :

DE NIEM, LEUTNANT UND KOMPAGNIE-FÜHRER.

Puis il adresse son papier à sa ville de Jauer, où il sait bien qu'il se trouvera un directeur de journal pour l'accepter, des protes pour l'imprimer, toute une population pour en jouir.

Or, je le demande à mon lecteur, de quelque nation qu'il soit : se représente-t-il comme possible qu'un tel journal soit jamais imprimé dans la langue qui est la sienne, dans la ville qu'il habite, lu par sa femme et ses enfants ? En quel pays, autre que l'Allemagne, la chose est-elle concevable? Pas en France, du moins.

Veut-on un document encore, pour montrer à quel point il est usuel dans l'armée allemande de mutiler des blessés? Je l'emprunterai (*Fig. 17 et 18*) au carnet du soldat Paul Glöde, du 9e bataillon de pionniers (IXe Corps) :

« 12 août 1914. En Belgique. — On se fait une idée de l'état de fureur de nos soldats, quand on voit les villages détruits. Plus une maison intacte. Tout ce qui peut se manger est réquisitionné par des soldats non commandés. On a vu plusieurs monceaux d'hommes et de femmes exécutés après jugement. De petits porcs couraient à l'entour, cherchant leur mère. Des chiens à la chaîne n'avaient rien à manger ni à boire, et les maisons brûlaient au-dessus d'eux. Mais avec la juste colère de nos soldats va aussi de pair un pur vandalisme. En des villages déjà absolument vides, ils dressent à leur plaisir l'incendie (le Coq Rouge) sur les maisons. Les habitants me font peine. S'ils emploient des armes déloyales, ils ne font

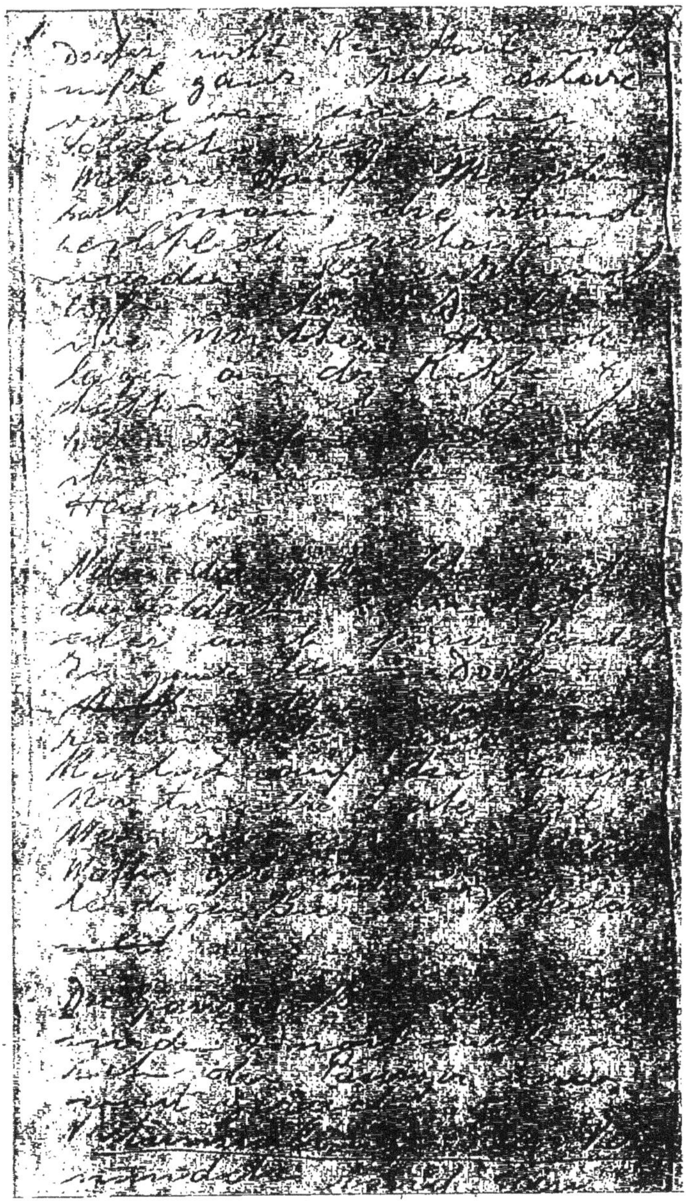

Fig. 17.

Fig. 18.

après tout que défendre leur patrie. Les atrocités que ces bourgeois ont commises ou commettent encore sont vengées d'une façon sauvage. *Les mutilations de blessés sont à l'ordre du jour.* »[1]

Cela fut écrit dès le 12 août, dès le huitième jour de l'invasion de la Belgique innocente, et les blessés que l'on tortura n'avaient fait que défendre contre l'Allemagne cette terre, leur terre natale, que l'Allemagne avait juré de respecter et, au besoin, de défendre. Mais, en maints pays, les pharisiens, ayant lu ces lignes, s'en iront, tranquilles, vers leurs églises ou leurs temples, vers leurs maisons de banque ou leurs chancelleries, et diront : « En quoi ces choses me regardent-elles ? *Ja, ja*, c'est la guerre. »

Oui, c'est la guerre, mais telle que ne l'ont jamais faite les soldats de Marceau ni jamais ne la feront les soldats de Joffre, telle que jamais ne l'a faite ni ne la fera la France, « mère des arts, des armes et des lois. » Oui, c'est la guerre, mais telle qu'Attila ne l'aurait pas faite s'il avait souscrit à de certains engagements, car y souscrire, c'eût été

1. « [Von der Wut der Soldaten kann man sich ein Bild machen, wenn man die zerstörten] Dörfer sieht. Kein Haus ist mehr ganz. Alles essbare wird von einzelnen Soldaten requiriert. Mehrere Haufen Menschen sah man, die standrechtlich erschossen wurden. Kleine Schweinchen liefen umher und suchten ihre Mutter. Hunde lagen an der Kette und hatten nichts zu fressen und zu saufen und über ihnen brannten die Häuser.

« Neben der gerechten Wut der Soldaten schreitet aber auch purer Vandalismus. In ganz leeren Dörfer setzen sie den roten Hahn ganz willkürlich auf die Häuser. Mir tun die Leute leit. Wenn sie auch unfaire Waffen gebrauchen, so verteidigen sie doch nur ihr Vaterland. Die Grausamkeiten die verübt wurden und noch werden von seiten der Bürger werden wüst gerächt.

« *Verstümmelungen der Verwundeten sind an Tagesordnung.* »

s'éveiller à la notion qui *seule* distingue le civilisé du barbare et la nation de la horde, — le respect de la parole donnée. Oui, c'est la guerre, mais telle que seuls des pédants mégalomanes, les Julius von Hartmann, les Bernhardi et les Treitschke, pouvaient en construire l'insolente théorie : théorie qui prétend autoriser le Peuple-Élu à expulser des lois et coutumes de la guerre ce que des siècles de christianisme et de chevalerie y ont à grand effort insinué d'humanité, théorie de la férocité systématique, dont l'odieux apparaît aujourd'hui, mais plus encore la niaiserie et le ridicule. N'est-il pas ridicule en effet qu'ils en soient déjà réduits à la renier, du moins en paroles, eux les incendiaires de Louvain, de Malines, de Reims, eux les assassins de femmes, d'enfants et de blessés, et qu'ils aient imposé, par exemple, à la servilité de leurs quatre-vingt-treize *Kulturträger* les dénégations que l'on sait : « Il n'est pas vrai, disent-ils, que nous fassions la guerre au mépris du droit des gens, et nos soldats ne commettent ni actes d'indiscipline ni cruautés », et encore : « Nous mènerons jusqu'au bout cette lutte en peuple civilisé..., nous en répondons sur notre nom et sur notre honneur... » ? Pourquoi cet humble et piteux reniement ? C'est peut-être que leur théorie de la guerre supposait comme postulat leur invincibilité et qu'au premier frisson de leur défaite sur la Marne elle s'est effondrée, et les voici qui la répudient à la seule menace du talion.

Je ne conclurai pas : les armées alliées, qui touchent à la victoire, se chargeront bien de conclure.

Imp. de Vaugirard — Paris

www.ingramcontent.com/pod-product-compliance
Ingram Content Group UK Ltd.
Pitfield, Milton Keynes, MK11 3LW, UK
UKHW032012260826
14628UKWH00005B/2440

9 782012 860650